POEMES
SUR LE
DESASTRE DE LISBONNE
ET SUR
LA LOI NATURELLE,
AVEC DES PRÉFACES, DES NOTES, &c.

Cette Edition eſt conforme à celle qui a été faite à Gêneve ſous les yeux de l'Auteur, avec Approbation & Permiſſion.

M. DCC. LVI.

AVIS.

DES Copies du Poëme de Lisbonne, & de celui de la Loi Naturelle, s'étant répandues dans Paris, elles y ont été bientôt imprimées; celle qui nous est tombée depuis peu entre les mains, nous fait connoître que les autres ont été aussi tronquées qu'infideles. Celle-ci est exactement conforme au manuscrit imprimé à Genêve avec permission & approbation. Il ne nous appartient pas de prévenir le jugement du Public sur le mérite des Poëmes que nous lui donnons, encore moins de hazarder le nôtre. Mais nous osons assurer d'après celui des Philosophes les plus éclairés, qu'on reconnoîtra dans ces ouvrages les sentimens répandus dans la HENRIADE *& dans plus d'un ouvrage Philosophique, un esprit qui respire l'adoration d'un Etre Suprême, l'attachement aux loix, l'amour du Genre-Humain, la tolérance & la bienfaisance.*

Nous apprenons qu'on doit donner dans quelques mois (du même Auteur) l'Essay sur l'Histoire générale depuis Charlemagne jusqu'à nos jours. *C'est un ouvrage d'une grande étendue, bien différent des petits morceaux décousus qui ont courû mal-à-propos sous son nom, & qu'on a intitulés non moins mal-à-propos* HISTOIRE UNIVERSELLE.

PRÉFACE DE L'AUTEUR.

I jamais la queſtion du Mal Phyſique a mérité l'attention de tous les hommes, c'eſt dans ces événemens funeſtes qui nous rappellent à la contemplation de notre faible nature, comme les peſtes générales qui ont enlevé le quart des hommes dans le Monde connu, le tremblement de terre qui engloutit quatre cens mille perſonnes à la Chine en 1699, celui de Lima & de Callao, & en dernier lieu celui du Portugal & du Royaume de Fez. L'axiome, *Tout eſt bien*, parait un peu étrange à ceux qui ſont les témoins de ces déſaſtres. Tout eſt arrangé, tout eſt ordonné, ſans doute, par la Providence; mais il n'eſt que trop ſenſible, que tout depuis longtems n'eſt pas arrangé pour nôtre bien-être préſent.

Lorſque l'illuſtre *Pope* donna ſon *Eſſay ſur l'homme*, & qu'il dévelopa dans ſes vers immortels les ſyſtêmes de *Leibnitz*, du Lord *Shafterſburi*, & du Lord *Bollingbroke*, une foule de Théologiens de toutes les Communions attaqua ce ſiſtême. On ſe révoltait contre cet Axiome nouveau que *Tout eſt bien*, que *l'homme jouït de la ſeule meſure de bonheur dont ſon être ſoit ſuſceptible* &c... Il y a toujours un ſens dans lequel on peut condamner un écrit, & un ſens dans lequel on peut l'approuver. Il ſerait bien plus raiſonnable de ne faire attention qu'aux beautés utiles d'un ouvrage, & de n'y point chercher un ſens odieux. Mais c'eſt une des imperfections de notre nature, d'interpréter malignement tout ce qui peut être interpreté, & de vouloir décrier tout ce qui a du ſuccès.

On crut donc voir dans cette propoſition, *Tout eſt bien*, le renverſement du fondement des idées reçues. Si *Tout eſt bien*, diſait-on, il eſt donc faux que la nature humaine ſoit déchue. Si l'ordre général exige que tout ſoit comme il eſt, la nature humaine n'a donc pas été corrompue ; elle n'a donc pas eu beſoin de Rédempteur. Si ce Monde tel qu'il eſt, eſt le meilleur des Mondes possibles, on ne peut donc pas espérer un avenir plus heureux. Si tous les maux dont nous sommes accablés sont un bien général, toutes les Nations policées ont donc eu tort de rechercher l'origine du mal Physique & du mal Moral. Si un homme mangé par les bêtes féroces fait le bien-être de ces bêtes, & contribue à l'ordre du Monde : si les malheurs de tous les particuliers ne sont que la suite de cet ordre général & nécessaire ; nous ne sommes donc que des roues qui servent à faire jouer la grande machine ; nous ne sommes pas plus précieux aux yeux de DIEU que les animaux qui nous dévorent.

Voilà les conclusions qu'on tirait du Poëme de M. *Pope* ; & ces conclusions mêmes augmentaient encore la célébrité & le succès de l'ouvrage. Mais on devait l'envisager sous un autre aspect. Il falloit considérer le respect pour la Divinité, la résignation qu'on doit à ses ordres Suprêmes, la saine Morale, la tolérance, qui sont l'ame de cet excellent écrit. C'est ce que le Public a fait ; & l'ouvrage ayant été traduit par des hommes dignes de le traduire, a triomphé d'autant plus des critiques qu'elles roulaient sur des matières plus délicates.

C'eſt le propre des cenſures violentes d'accréditer les opinions qu'elles attaquent. On crie contre un livre parce qu'il réuſſit, on lui impute des erreurs. Qu'arrive-t-il ? Les hommes révoltés contre ces cris, prennent pour des vérités les erreurs mêmes que ces critiques ont cru appercevoir. La cenſure éléve des fantômes pour les combattre, & les Lecteurs indignés embraſſent ces fantômes.

Les critiques ont dit ; *Leibnitz, Pope, enſeignent le Fataliſme :* & les partiſans de *Leibnitz* & de *Pope* ont dit ; *Si Leibnitz & Pope enſeignent le Fataliſme, ils ont donc raiſon ; & c'eſt à cette Fatalité invincible qu'il faut croire.*

Pope avait dit, *Tout eſt bien*, en un ſens qui était très recevable, & ils le diſent aujourd'hui en un ſens qui peut être combattu.

L'Auteur du Poëme ſur le déſaſtre de Lisbonne ne combat point l'illuſtre *Pope*, qu'il a toujours admiré & aimé ; il penſe comme lui ſur preſque tous les points ; mais pénétré des malheurs des hommes, il s'éléve contre les abus qu'on peut faire du nouvel axiome, *Tout eſt bien.* Il adopte cette ancienne & triſte vérité reconnue de tous les hommes, qu'*il y a du mal ſur la Terre ;* il avoue que le mot *Tout eſt bien*, pris dans un sens absolu, & sans l'espérance d'un avenir, n'est qu'une insulte aux douleurs de notre vie.

Si lorsque Lisbonne, Méquinez, Tétuan, & tant d'autres villes furent englouties avec un si grand nombre de leurs habitans au mois de Novembre 1755. des Philosophes avaient crié aux malheureux qui échapaient à peine des ruines; *Tout est bien; les héritiers des morts augmenteront leurs fortunes, les maçons gagneront de l'argent à rebâtir des maisons, les bêtes se nourriront des cadavres enterrés dans les débris; c'est l'effet nécessaire des causes nécessaires; votre mal particulier n'est rien, vous contribuez au bien général.* Un tel discours certainement eût été aussi cruel que le tremblement de terre a été funeste: & voila ce que dit l'Auteur du Poëme sur le désastre de Lisbonne.

Il avoue donc, avec toute la Terre, qu'il y a du mal sur la Terre, ainsi que du bien: il avoue qu'aucun Philosophe n'a pu jamais expliquer l'origine du mal Moral, & du mal Physique: il avoue que *Bayle*, le plus grand Dialecticien qui ait jamais écrit, n'a fait qu'apprendre à douter, & qu'il se combat lui-même: il avoue qu'il y a autant de faiblesses dans les lumiéres de l'homme que de misères dans sa vie. Il expose tous les ſyſtêmes en peu de mots. Il dit que la Révélation ſeule peut dénouer ce grand nœud que tous les Philoſophes ont embrouillé ; il dit que l'eſpérance d'un développement de notre être dans un nouvel ordre de choſes, peut ſeule conſoler des malheurs préſens, & que la bonté de la Providence eſt le ſeul azile auquel l'homme puiſſe recourir dans les ténébres de ſa raiſon, & dans les calamités de ſa nature faible & mortelle.

P S. Il eſt toujours malheureuſement néceſſaire d'avertir qu'il faut diſtinguer les objections que ſe fait un Auteur, de ſes réponſes aux objections, & ne pas prendre ce qu'il réfute, pour ce qu'il adopte.

POEME

SUR LE DESASTRE DE LISBONNE,

OU EXAMEN DE CET AXIOME,

TOUT EST BIEN.

O Malheureux mortels ! ô Terre déplorable !
O de tous lès fléaux aſſemblage effroyable !
D'inutiles douleurs éternel entretien !
Philoſophes trompés, qui criez, *tout eſt bien*,
Accourez : contemplez ces ruines affreuſes,
Ces débris, ces lambeaux, ces cendres malheureuſes,
Ces femmes, ces enfans, l'un ſur l'autre entaſſés,
Sous ces marbres rompus, ces membres diſperſés ;
Cent mille infortunés que la terre dévore,
Qui ſanglans, déchirés, & palpitans encore,
Enterrés ſous leurs toîts, terminent ſans ſecours
Dans l'horreur des tourmens leurs lamentables jours.
Aux cris demi-formés de leurs voix expirantes,
Au ſpectacle effrayant de leurs cendres fumantes,

Direz-vous, c'est l'effet des éternelles Loix,
Qui d'un DIEU libre & bon nécessitent le choix?
Direz-vous, en voyant cet amas de victimes,
DIEU s'est vengé, leur mort est le prix de leurs crimes?
Quel crime, quelle faute ont commis ces enfans,
Sur le sein maternel écrasés & sanglans?
Lisbonne, qui n'est plus, eut-elle plus de vices
Que Londre, que Paris, plongés dans les délices?
Lisbonne est abîmée, & l'on danse à Paris.
Tranquilles spectateurs, intrépides esprits,
De vos fréres mourans contemplant les naufrages,
Vous recherchez en paix les causes des orages;
Mais du sort ennemi quand vous sentez les coups,
Devenus plus humains vous pleurez comme nous.
   Croyez-moi, quand la Terre entr'ouvre ses abîmes,
Ma plainte est innocente, & mes cris légitimes.
Partout environnés des cruautés du sort,
Des fureurs des méchans, des piéges de la mort,
De tous les élémens éprouvant les atteintes,
Compagnons de nos maux, permettez-nous les plaintes.
C'est l'orgueil, dites-vous, l'orgueil séditieux,
Qui prétend qu'étant mal, nous pouvions être mieux.
Allez interroger les rivages du Tage,
Fouillez dans les débris de ce sanglant ravage,
Demandez aux mourans, dans ce séjour d'effroi,
Si c'est l'orgueil qui crie, *O Ciel, secourez-moi,*
O Ciel, ayez pitié de l'humaine misére.
   Tout est bien, dites-vous, & tout est *nécessaire.*

Quoi ! l'Univers entier, ſans ce gouffre infernal,
Sans engloutir Liſbonne, eut-il été plus mal ?
Etes-vous aſſurés que la Cauſe Eternelle,
Qui fait tout, qui ſait tout, qui créa tout pour elle ;
Ne pouvait nous jetter dans ces triſtes climats,
Sans former des volcans allumés ſous nos pas ?
Borneriez-vous ainſi la Suprême Puiſſance ?
Lui défendriez-vous d'exercer ſa clémence ?
L'éternel Artiſan n'a-t-il pas dans ſes mains
Des moyens infinis tous prêts pour ſes deſſeins ?
Je déſire humblement, ſans offenſer mon Maître,
Que ce gouffre enflammé de ſouphre & de ſalpêtre
Eût allumé ſes feux dans le fond des déſerts.
Je reſpecte mon DIEU, mais j'aime l'Univers ;
Quand l'homme oſe gémir d'un fléau ſi terrible,
Il n'eſt point orgueilleux ; hélas ! il eſt ſenſible.
Les triſtes habitans de ces bords déſolés,
Dans l'horreur des tourmens ſeraient-ils conſolés,
Si quelqu'un leur diſoit, *Tombez, mourez tranquiles ;*
Pour le bonheur du Monde on détruit vos aziles ;
D'autres mains vont bâtir vos palais embraſés ;
D'autres Peuples naîtront dans vos murs écraſés ;
Le Nord va s'enrichir de vos pertes fatales ;
Tous vos maux ſont un bien dans les Loix générales ;
DIEU *vous voit du même œil que les vils vermiſſeaux,*
Dont vous ſerez la proye au fond de vos tombeaux ?
A des infortunés quel horrible langage !
Cruels ! à mes douleurs n'ajoutez point l'outrage.

Non, ne présentez plus à mon cœur agité
Ces immuables loix de la nécessité,
Cette chaîne des corps, des esprits, & des mondes.
O rêves de savans ! ô chimères profondes !
DIEU tient en main la chaîne, & n'est point enchainé ; [a]
Par son choix bienfaisant tout est déterminé ;
Il est libre, il est juste, il n'est point implacable ;
Pourquoi donc souffrons-nous sous un Maître équitable? [†]
Voilà le nœud fatal qu'il fallait délier.
Guérirez-vous nos maux en osant les nier ?
Tous les Peuples tremblans sous une main Divine,
Du mal que vous niez ont cherché l'origine.
Si l'éternelle Loi qui meut les élémens,
Fait tomber les rochers sous les efforts des vents ;
Si les chênes touffus par la foudre s'embrasent,
Ils ne ressentent point les coups qui les écrasent.
Mais je vis, mais je sens, mais mon cœur opprimé
Demande des secours au DIEU qui l'a formé.
Enfans du Tout-puissant, mais nés dans la misére,
Nous étendons les mains vers notre commun pére.
Le vase, on le sait bien, ne dit point au potier,
Pourquoi suis-je si vil, si faible, si grossier ?
Il n'a point la parole, il n'a point la pensée :
Cette urne en se formant, qui tombe fracassée,
De la main du potier ne reçut point un cœur,
Qui désirât les biens, & sentît son malheur.

[a] Voyez les notes à la fin du Poëme.
[†] *Sub Deo justo nemo miser nisi mereatur.* ST. AUGUSTIN

Ce malheur, dites-vous, est le bien d'un autre Etre.
De mon corps tout sanglant mille insectes vont naître :
Quand la mort met le comble aux maux que j'ai soufferts,
Le beau soulagement d'être mangé des vers !
Tristes calculateurs des miséres humaines,
Ne me consolez point ; vous aigrissez mes peines ;
Et je ne vois en vous que l'effort impuissant
D'un fier infortuné qui feint d'être content.
Je ne suis du grand *Tout* qu'une faible partie :
Oui ; mais les animaux condamnés à la vie,
Tous les êtres sentans nés sous la même loi,
Vivent dans la douleur, & meurent comme moi.
Le Vautour acharné sur sa timide proie,
De ses membres sanglans se repaît avec joie :
Tout semble *bien* pour lui, mais bientôt à son tour
Une aigle au bec tranchant dévore le vautour.
L'homme d'un plomb mortel atteint cette aigle altiére ;
Et l'homme aux champs de Mars couché sur la poussiére,
Sanglant, percé de coups, sur un tas de mourans,
Sert d'aliment affreux aux oiseaux dévorans.
Ainsi du monde entier, tous les membres gémissent,
Nés tous pour les tourmens, l'un par l'autre ils périssent.
Et vous composerez dans ce cahos fatal,
Des malheurs de chaque être, un bonheur général.
Quel bonheur ! ô mortel ! & faible & misérable,
Vous criez *tout est bien*, d'une voix lamentable :
L'Univers vous dément, & votre propre coeur,
Cent fois de votre esprit a réfuté l'erreur.

Elémens, Animaux, Humains, tout est en guerre;
Il le faut avouer, le *mal* est sur la Terre;
Son principe secret ne nous est point connu,
De l'Auteur de tout bien le mal est-il venu?
Est-ce le noir *Tiphon* *, le barbare *Arimane* †,
Dont la loi tyrannique à souffrir nous condamne?
Mon esprit n'admet point ces monstres odieux,
Dont le Monde en tremblant fit autrefois des Dieux.
Mais comment concevoir un Dieu, la bonté même,
Qui prodigua ses biens à ses enfans qu'il aime,
Et qui versa sur eux les maux à pleines mains?
Quel œil peut pénétrer dans ses profonds desseins?
De l'Etre Tout-Parfait le mal ne pouvait naître;
Il ne vient point d'autrui, * puisque Dieu seul est Maître.
Il existe, pourtant. O tristes vérités!
O mélange étonnant de contrariétés!
Un Dieu vint consoler nôtre race affligée;
Il visita la terre, & ne l'a point changée; †
Un Sophiste arrogant, nous dit qu'il ne l'a pû;
Il le pouvait, dit l'autre, & ne l'a point voulu.
Il le voudra, sans doute, & tandis qu'on raisonne,
Des foudres souterrains engloutissent Lisbonne,
Et de trente cités dispersent les débris,
Des bords sanglans du Tage, à la mer de Cadis.

* Principe du mal chez les Egyptiens.

† Principe du mal chez les Perses.

* C'est-à-dire d'un autre Principe.

† Un Philosophe Anglais a prétendu que le Monde Physique avoit dû être changé au premier avénement, comme le Monde Moral.

Ou l'homme est né coupable, & Dieu punit sa race,
Ou ce Maître absolu de l'être & de l'espace,
Sans courroux, sans pitié, tranquille, indifférent,
De ses premiers décrets suit l'éternel torrent;
Ou la matière informe à son maître rebelle,
Porte en soi des défauts *nécessaires* comme elle;
Ou bien DIEU nous éprouve, & ce séjour mortel §
N'est qu'un passage étroit vers un Monde éternel.
Nous essuyons ici des douleurs passagères;
Le trépas est un bien qui finit nos misères;
Mais quand nous sortirons de ce passage affreux,
Qui de nous prétendra mériter d'être heureux?
Quelque parti qu'on prenne, on doit fremir, sans doute;
Il n'est rien qu'on connaisse, & rien qu'on ne redoute.
La Nature est muette, on l'interroge envain.
On a besoin d'un DIEU qui parle au Genre-humain.
Il n'appartient qu'à lui d'expliquer son ouvrage,
De consoler le faible, & d'éclairer le sage;
L'homme au doute, à l'erreur, abandonné sans lui,
Cherche envain des roseaux qui lui servent d'appui.
Leibnitz ne m'apprend point par quels nœuds invisibles
Dans le mieux ordonné des Univers possibles,
Un désordre éternel, un cahos de malheurs,
Mêle à nos vains plaisirs, de réelles douleurs;

§ Voila avec l'opinion des deux Principes toutes les solutions qui se présentent à l'esprit humain dans cette grande difficulté; & la Révélation seule peut enseigner ce que l'esprit humain ne saurait comprendre.

Ni pourquoi l'innocent, ainsi que le coupable,
Subit également ce mal inévitable.
Je ne conçois pas plus, comment tout serait bien:
Je suis comme un Docteur, hélas! je ne sçais rien.
Platon dit qu'autrefois l'homme avait eû des aîles;
Un corps impénétrable aux atteintes mortelles;
La douleur, le trépas, n'approchaient point de lui,
De cet état brillant, qu'il différe aujourd'hui!
Il rampe, il souffre, il meurt; tout ce qui naît expire;
De la destruction, la Nature est l'Empire.
Un faible composé de nerfs & d'ossemens,
Ne peut être insensible au choc des élemens;
Ce mêlange de sang, de liqueur, & de poudre,
Puisqu'il fut assemblé, fut fait pour se dissoudre;
Et le sentiment prompt de ses nerfs délicats,
Fut soumis aux douleurs, ministres du trépas.
C'est-là ce que m'apprend la voix de la Nature.
J'abandonne *Platon*, je rejette *Epicure*.
Bayle en sçait plus qu'eux tous: je vais le consulter:
La balance à la main, Bayle enseigne à douter. [b]
Assez sage, assez grand, pour être sans systême,
Il les à tous détruits, & se combat lui-même:
Semblable à cet aveugle en butte aux Philistins,
Qui tomba sous les murs abattus par ses mains.
Que peut donc de l'esprit la plus vaste étendue!
Rien: le livre du Sort se ferme à notre vue.

[b] Voyez les notes à la fin du Poëme.

L'homme étranger à soi, de l'homme est ignoré.
Que suis-je? où suis-je? où vai-je? & d'où suis-je tiré? [c]
Atomes tourmentés sur cet amas de boue,
Que la mort engloutit, & dont le sort se joue,
Mais atomes pensans, atomes dont les yeux
Guidés par la pensée ont mesuré les Cieux;
Au sein de l'infini nous élançons notre être,
Sans pouvoir un moment nous voir & nous connaître.
Ce monde, ce théâtre, & d'orgueil & d'erreur,
Est plein d'infortunés qui parlent de bonheur.
Tout se plaint, tout gémit en cherchant le bien-être;
Nul ne voudrait mourir; nul ne voudrait renaître.
Quelquefois dans nos jours consacrés aux douleurs,
Par la main du plaisir nous essuyons nos pleurs.
Mais le plaisir s'envole & passe comme une ombre.
Nos chagrins, nos regrets, nos pertes sont sans nombre.
Le passé n'est pour nous qu'un triste souvenir;
Le présent est affreux, s'il n'est point d'avenir,
Si la nuit du tombeau détruit l'être qui pense.
Un jour tout sera bien, voilà notre espérance;
Tout est bien aujourd'hui, voilà l'illusion.
Les Sages me trompaient, & Dieu seul a raison.
Humble dans mes soupirs, soumis dans ma soufrance,
Je ne m'éleve point contre la Providence.
Sur un ton moins lugubre on me vit autrefois,
Chanter des doux plaisirs les séduisantes loix.

c Voyez les notes à la fin du Poëme.

D'autres tems, d'autres moeurs : instruit par la vieillesse,
Des humains égarés partageant la faiblesse,
Dans une épaisse nuit cherchant à m'éclairer,
Je ne sai que souffrir, & non pas murmurer.
Un Calife autrefois à son heure derniére
Au DIEU qu'il adoroit dit pour toute priére :
Je t'apporte, O seul Roi, seul être illimité,
Tout ce que tu n'as point dans ton immensité ;
Les défauts, les regrets, les maux & l'ignorance.
Mais il pouvait encor ajouter L'ESPERANCE. *d*

d Voyez les notes à la fin du Poëme.

NOTES.

(a) *Dieu tient en main la chaîne, & n'est point enchaîné.*

(a) La chaîne Universelle n'est pas, comme on l'a dit, une gradation suivie qui lie tous les êtres. Il y a probablement une distance immense entre l'homme & la brute, entre l'homme & les substances supérieures; il y a l'Infini entre DIEU & toutes les substances. Les Globes qui roulent autour de notre Soleil n'ont rien de ces gradations insensibles, ni dans leur grosseur, ni dans leurs distances, ni dans leurs Satellites.

Pope dit que l'homme ne peut savoir pourquoi les Lunes de *Jupiter* sont moins grandes que *Jupiter*; il se trompe en cela; c'est une erreur pardonnable qui a pû échaper à son beau génie. Il n'y a point de Mathématicien qui n'eût fait voir au Lord *Bollingbroke*, & à Mr. *Pope*, que si *Jupiter* était plus petit que les Satellites, ils ne pourraient pas tourner autour de lui; mais il n'y a point de Mathématicien qui pût découvrir une gradation suivie dans les corps du Systême Solaire.

Il n'est pas vrai que si on ôtait un atome du Monde, le Monde ne pourrait subsister: & c'est ce que Mr. *De Crouzas*, savant Géomètre, remarqua très bien dans son Livre contre Mr. *Pope*. Il parait qu'il avoit raison en ce point, quoique sur d'autres il ait été invinciblement refuté par Mrs. *Warburton* & *Silhoüette*.

Cette chaîne des événemens a été admise & très ingénieusement défendue par le grand Philosophe *Leibnitz*; elle mérite d'être éclaircie. Tous les corps, tous les événemens dépendent d'autres corps & d'autres événemens. Cela est vrai: mais tous les corps ne sont pas nécessaires à l'ordre & à la conservation de l'Univers; & tous les événemens ne sont pas essentiels à la série des événemens. Une gorte d'eau, un grain de sable de plus ou de moins, ne peuvent rien changer à la constitution générale. La Nature n'est asservie ni à aucune quantité précise, ni à aucune forme précise. Nulle Planète ne se meut dans une Courbe absolument réguliére; nul être connu n'est d'une figure précisément Mathématique : nulle quantité précise n'est requise pour nulle opération : la Nature n'agit jamais rigoureusement. Ainsi on n'a aucune raison d'assurer qu'un atome de moins sur la Terre, serait la cause de la destruction de la Terre.

Il en est de même des événemens. Chacun d'eux a sa cause dans l'événement qui précéde; c'est une chose dont aucun Philosophe n'a jamais douté. Si on n'avait pas fait l'opération Césarienne à la mére de *César*, *César* n'aurait pas détruit la République; il n'eût pas adopté *Octave*, & *Octave* n'eût pas laissé l'Empire à *Tibère*. *Maximilien* épouse l'héritiére de la Bourgogne & des Pays-Bas, & ce mariage devient la source de deux cens ans de guerre. Mais que *César* ait craché à droite ou à gauche, que l'hériticre de Bourgogne ait arrangé sa coëffure d'une maniére ou d'une autre, cela n'a certainement rien changé au systême général.

Il y a donc des événemens qui ont des effets, & d'autres qui n'en ont pas. Il en est de leur chaîne comme d'un arbre généalogique; on y voit des branches qui s'éteignent à la premiére génération, & d'autres qui continuent la race. Plusieurs événemens restent sans filiation. C'est ainsi que dans toute machine, il y a des effets nécessaires au mouvement, & d'autres effets indifférens qui sont la suite des premiers, & qui ne produisent rien. Les roües d'un carosse servent à le faire marcher; mais qu'elles fassent voler un peu plus ou un peu moins de poussiére, le voyage se fait également. Tel est donc l'ordre général du Monde que les chaînons de la chaîne ne seraient point dérangés par un peu plus ou un peu moins de matiére, par un peu plus ou un peu moins d'irrégularité.

La chaîne n'est pas dans un plein absolu; il est démontré que les corps Célestes font leurs révolutions dans l'espace non résistant. Tout l'espace n'est pas rempli Il n'y a donc pas une suite de corps depuis un atome jusqu'à la plus reculée des Etoiles. Il peut donc y avoir des intervalles immenſes entre les êtres ſenſibles, comme entre les inſenſibles. On ne peut donc aſſurer que l'homme ſoit néceſſairement placé dans un des chaînons attachés l'un à l'autre par une ſuite non interrompue. *Tout eſt enchaîné*, ne veut dire autre choſe, ſinon, que tout eſt arrangé. DIEU eſt la cauſe & le Maître de cet arrangement. Le *Jupiter* d'*Homère* était l'eſclave des Deſtins, mais dans une Philoſophie plus épurée, DIEU eſt le Maître des Deſtins. *Voyez* Clarke *Traité de l'éxiſtence de* DIEU.

(*b*) *La balance à la main*, Bayle *enſeigne à douter.*

(*b*) Une centaine de remarques répandues dans le Dictionnaire de *Bayle* lui ont fait une réputation immortelle. Il a laiſſé la diſpute ſur l'*origine du Mal* indéciſe. Chez lui toutes les opinions ſont expoſées; toutes les raiſons qui les ſoutiennent, toutes les raiſons qui les ébranlent, ſont également approfondies; c'eſt l'Avocat général des Philoſophes; mais il ne donne point ſes concluſions. Il eſt comme *Ciceron*, qui ſouvent ſes dans ſes ouvrages Philoſophiques ſoutient ſon caractère d'Académicien indécis, ainſi que l'a remarqué le Savant & judicieux Abbé d'*Olivet*.

Tout Sceptique qu'eſt le Philoſophe Bayle, il n'a jamais nié ni la Providence ni l'Immortalité de l'Ame. On traduit *Ciceron*, on le commente, on le fait ſervir à l'éducation des Princes. Mais que trouve-t-on preſque à chaque page dans *Ciceron* parmi pluſieurs choſes admirables? On y trouve que *s'il eſt une Providence, elle eſt blâmable d'avoir donné aux hommes une intelligence dont elle ſavait qu'ils devoient abuſer.* Sic veſtra iſta providentia reprehendenda quæ rationem dederit eis quos ſcierit ea perversè uſuros. (*Libro tertio de naturâ Deorum.*)

Jamais perſonne n'a cru que la vertu vint des Dieux, & on a raiſon. Virtutem nunquam Deo acceptam nemo retulit, nimirùm rectè. *Idem.*

Qu'un criminel meure impuni, vous dites que les Dieux le frapent dans ſa poſtérité. Une ville ſouffrirait-elle un Légiſlateur qui condamnerait les petits enfans pour les crimes de leur grand pere? Ferretne ulla civitas latorem legis ut condemnaretur nepos si avus deliquisset?

Et ce qu'il y a de plus étrange, c'est que *Ciceron* finit son Livre de la *Nature des Dieux* sans réfuter de telles assertions. Il soutient en cent endroits la Moralité de l'Ame dans ses Tusculanes, après avoir soutenu son Immortalité.

Il y a bien plus. C'est à tout le Sénat de Rome qu'il dit dans son plaidoyer pour *Cluentius: Quel mal lui a fait la mort? Nous rejettons tous les Fables ineptes des Enfers. Qu'est-ce donc que la mort lui a ôté, sinon le sentiment des douleurs?* Quid illi mors attulit mali, nisi fortè ineptiis ac fabulis ducimur ut existimemus illum apud Inferos supplicia perferre! quæ si falsa sunt quod omnes intelligunt, quid ei mors eripuit proter sensum doloris?

Enfin dans ses lettres où le cœur parle, ne dit-il pas, *Cùm non ero, omni sensu carebo:* Quand je ne serai plus, tout sentiment périra avec moi.

Jamais *Bayle* n'a rien dit d'approchant. Cependant on met *Ciceron* entre les mains de la jeunesse; on se déchaîne contre *Bayle*. Pourquoi? c'est apparemment pour d'autres raisons qui n'intéressent point ces principes fondamentaux, mais qui regardent d'autres Dogmes non moins respectables.

(c) *Que suis-je? où suis-je? où vai-je? & d'où suis-je tiré?*

(c) Il est clair que l'homme ne peut par lui-même être instruit de tout cela. L'esprit humain n'acquiert aucune notion que par l'expérience; nulle expérience ne peut nous apprendre ni ce qui était avant notre existence, ni ce qui est après; ni ce qui anime notre existence présente. Comment avons-nous reçu la vie? quel ressort la soutient? comment notre cerveau a-t-il des idées & de la mémoire? comment nos membres obéissent-ils incontinent à notre volonté? &c. nous n'en savons rien. Ce globe est-il seul habité? A-t-il été fait après d'autres globes, ou dans le même instant? Chaque genre de plantes vient-il ou non d'une première plante? Chaque genre d'animaux est-il produit ou non par deux premiers animaux ? Les plus grands Philosophes n'en savent pas plus sur ces matières que les plus ignorans des hommes. Il en faut revenir à ce proverbe populaire : *La poule a-t-elle été avant l'œuf, ou l'œuf avant la poule ?* Le proverbe est bas ; mais il confond la plus haute sagesse, qui ne sait rien sur les premiers principes des choses sans un secours surnaturel.

*(d) Mais il pouvait encor ajouter l'*Espérance.

(*d*) La plupart des hommes ont eu cette Espérance, avant même qu'ils eussent le secours de la Révélation. L'espoir d'être après la mort, est fondé sur l'amour de l'être pendant la vie ; il est fondé sur la probabilité que ce qui pense pensera. On n'en a point de démonstration ; parce qu'une chose démontrée est une chose dont le contraire est une contradiction, & parce qu'il n'y a jamais eu de disputes sur les vérités démontrées. *Lucréce* pour détruire cette Espérance apporte dans son troisiéme Livre des argumens dont la force afflige ; mais il n'oppose que des vraisemblances à des vraisemblances plus fortes. Plusieurs Romains pensaient comme *Lucréce* ; & on chantait sur le Théâtre de Rome ; *post mortem nihil est, il n'est rien après la mort.* Mais l'instinct, la raison, le besoin d'être consolé, le bien de la société prévalurent ; & les hommes ont toujours eu l'espérance d'une vie à venir : espérance, à la vérité, souvent accompagnée de doute. La Révélation détruit le doute, & met la certitude à la place.

PREFACE
SUR LE
POEME DE LA LOI NATURELLE.

N ſait aſſez que ce Poëme n'avait point été fait pour être public : c'était depuis trois ans un ſecret entre un grand Roi & l'Auteur. Il n'y a que trois mois qu'il s'en répandit quelques copies dans Paris, & bientôt après il y fut imprimé pluſieurs fois d'une manière auſſi fautive que les autres ouvrages qui ſont partis de la même plume.

Il ſerait juſte d'avoir plus d'indulgence pour un écrit ſecret tiré de l'obſcurité où ſon Auteur l'avoit condamné, que pour un ouvrage qu'un Ecrivain expoſe lui-même au grand jour. Il ſerait encor juste de ne pas juger le Poëme d'un Laïque comme on jugerait une Thèse de Théologie. Ces deux Poëmes sont les fruits d'un arbre transplanté. Quelques-uns de ces fruits peuvent n'être pas du goût de quelques personnes : ils sont d'un climat étranger ; mais il n'y en a aucun d'empoisonné, & plusieurs peuvent être salutaires.

Il faut regarder cet Ouvrage comme une lettre où l'on expose en liberté ses sentimens. La plupart des livres ressemblent à ces conversations générales & gênées, dans lesquelles on dit rarement ce qu'on pense. L'Auteur a dit ici ce qu'il a pensé à un Prince Philosophe auprès duquel il avait alors l'honneur de vivre. Il a appris que des esprits éclairés n'ont pas été mécontens de cette ébauche : ils ont jugé que le Poëme sur la Loi Naturelle est une préparation à des vérités plus sublimes. Cela seul aurait déterminé l'Auteur à rendre l'ouvrage plus complet & plus correct, si ses infirmités l'avaient permis. Il a été obligé de se borner à corriger les fautes dont fourmillent les éditions qu'on en a faites.

Les louanges données dans cet écrit à un Prince qui ne cherchait pas ces louanges, ne doivent surprendre personne, elles n'avaient rien de la flatterie, elles partaient du cœur ;

ce n'eſt pas là de cet encens que l'intérêt prodigue à la puiſſance. L'homme de Lettres pouvait ne pas mériter les éloges & les bontés dont le Monarque le comblait, mais le Monarque méritait la vérité que l'homme de Lettres lui diſait dans cet ouvrage. Les changemens ſurvenus depuis dans un commerce ſi honorable pour la Littérature n'ont point altéré les ſentimens qu'il avait fait naître.

Enfin puiſqu'on a arraché au ſecret & à l'obſcurité un écrit deſtiné à ne point paraître, il ſubſiſtera chez quelques Sages comme un monument d'une correſpondance philoſophique qui ne devait point finir ; & on ajoute que, ſi la foibleſſe humaine ſe fait ſentir partout, la vraie Philoſophie dompte toujours cette faibleſſe.

Au reſte ce faible Eſſai fut compoſé à l'occaſion d'une petite brochure qui parut en ce tems-là. Elle était intitulée *du Souverain bien* ; & elle devait l'être *du Souverain mal*. On y prétendait qu'il n'y a ni vertu, ni vice, & que les remords ſont une faibleſſe d'éducation qu'il faut étouffer. L'Auteur du Poëme prétend que les remords nous ſont auſſi naturels que les autres affections de notre ame. Si la fougue d'une paſſion fait commettre une faute, la nature rendue à elle-même ſent cette faute. La fille ſauvage trouvée près de Châlons, avoua que dans la colére elle avoit donné à sa compagne un coup dont cette infortunée mourut entre ses bras. Dès qu'elle vit son sang couler, elle se repentit, elle pleura, elle étancha ce sang, elle mit des herbes sur la blessure. Ceux qui disent que ce retour d'humanité n'est qu'une branche de notre amour propre, font bien de l'honneur à l'amour propre. Qu'on appelle la raison & les remords comme on voudra, ils existent, & ils sont les fondemens de la Loi Naturelle.

LA
LOI NATURELLE;
POEME
EN QUATRE PARTIES.

EXORDE.

Vous ! dont les Exploits, le Régne & les Ouvrages
Deviendront la leçon des Héros & des Sages,
Qui voyez d'un même œil les caprices du ſort,
Le Trône & la Cabane, & la vie & la mort ;
Philoſophe intrépide, affermiſſez mon ame,
Couvrez-moi des rayons de cette pure flâme,
Qu'allume la raiſon, qu'éteint le préjugé.
Dans cette nuit d'erreur où le monde eſt plongé,
Apportons, s'il ſe peut, une faible lumiére.
Nos premiers entretiens, notre étude premiére,

Etaient, je m'en souviens, *Horace* avec *Boileau*.
Vous y cherchiez le *vrai*, vous y goûtiez le *beau*;
Quelques traits échappés d'une utile Morale,
Dans leurs piquans Ecrits brillent par intervale;
Mais *Pope* approfondit ce qu'ils ont effleuré.
D'un esprit plus hardi, d'un pas plus assuré,
Il porta le flambeau dans l'abîme de l'être,
Et l'homme avec lui seul apprit à se connaître.
L'art quelquefois frivole, & quelquefois divin,
L'art des vers est dans *Pope* utile au genre humain.
Que m'importe en effet que le flatteur d'*Octave*,
Parasite discret, non moins qu'adroit esclave,
Du lit de sa *Glicére*, ou de *Ligurinus*,
En Prose mesurée insulte à *Crispinus*;
Que *Boileau* répandant plus de sel que de grace,
Veuille outrager *Quinaut*, pense avilir le *Tasse*;
Qu'il peigne de Paris les tristes embarras,
Ou décrive en beaux vers un fort mauvais repas:
Il faut d'autres objets à votre intelligence.
De l'Esprit qui vous meut vous recherchez l'essence,
Son principe, sa fin, & surtout son devoir.
Voyons sur ce grand point ce qu'on a pû sçavoir,
Ce que l'erreur fait croire aux Docteurs du vulgaire,
Et ce que vous inspire un DIEU qui vous éclaire.
Dans le fonds de nos cœurs il faut chercher ses traits;
Si Dieu n'est pas dans nous, il n'exista jamais.
Ne pouvons-nous trouver l'Auteur de notre vie
Qu'au labyrinthe obscur de la Théologie?

Origène & *Jean Scot*, sont chez vous sans crédit ;
La Nature en sçait plus qu'ils n'en ont jamais dit.
Ecartons ces Romans qu'on appelle systêmes,
Et pour nous élever descendons dans nous-mêmes.

PREMIÉRE PARTIE.

DIEU a donné aux hommes des idées de la juſtice, & la conſcience pour les avertir, comme il leur a donné tout ce qui leur eſt néceſſaire. C'eſt là cette Loi Naturelle ſur laquelle la Religion eſt fondée. C'eſt ce ſeul principe qu'on développe ici. L'on ne parle que de la Loi Naturelle, & non de la Religion & de ſes auguſtes Myſtères.

(a) SOIT qu'un être inconnu par lui ſeul exiſtant,
Ait tiré depuis peu l'Univers du néant;
Soit qu'il ait arrangé la matière éternelle,
Qu'elle nage en ſon ſein, ou qu'il régne loin d'elle;
Que l'Ame, ce flambeau ſouvent ſi ténébreux,
Ou ſoit un de nos ſens, ou ſubſiſte ſans eux:
Vous êtes ſous la main de ce Maître inviſible.
Mais du haut de ſon Trône obſcur, inacceſſible,
Quel hommage, quel Culte exige-t-il de vous?
De ſa grandeur Suprême indignement jaloux,
Des louanges, des vœux, flattent-ils ſa puiſſance?
Eſt-ce le peuple altier, conquérant de Biſance,
Le tranquille Chinois, le Tartare indompté,
Qui connaît ſon eſſence, & ſuit ſa volonté?

(a) Voyez les notes à la fin du Poëme.

Différens dans leurs mœurs, ainsi qu'en leur hommage,
Ils lui font tenir tous un différent langage.
Tous se sont donc trompés. Mais détournons les yeux
De cet impur amas d'imposteurs odieux : *
Et sans vouloir sonder, d'un regard téméraire,
De la Loi des Chrétiens l'ineffable Mystére,
Sans expliquer en vain ce qui fut révélé,
Cherchons par la raison si DIEU n'a point parlé.

La Nature a fourni d'une main salutaire
Tout ce qui dans la vie à l'homme est nécessaire,
Les ressorts de son ame, & l'instinct de ses sens.
Le Ciel à ses besoins soumet les élémens.
Dans les plis du cerveau la mémoire habitante,
Y peint de la Nature une image vivante.
Chaque objet de ses sens prévient la volonté.
Le son dans son oreille est par l'air apporté :
Sans efforts & sans soins son œil voit la lumiére.
Sur son DIEU, sur sa fin, sur sa cause premiére,
L'homme est-il sans secours à l'erreur attaché ?
Quoi ! le monde est visible & DIEU serait caché ?
Quoi ! le plus grand besoin que j'aie en ma misére,
Est le seul qu'en effet je ne peux satisfaire ?
Non le DIEU qui m'a fait ne m'a point fait envain.
Sur le front des mortels il mit son sceau divin ;
Je ne puis ignorer ce qu'ordonna mon Maître.
Il m'a donné sa loi, puisqu'il m'a donné l'être ;

* Il faut distinguer *Confutzée* qui s'en est tenu à la Religion Naturelle, & qui a fait tout ce qu'on peut faire, sans Révélation.

Sans

Sans doute il a parlé, mais c'est à l'Univers.
Il n'a point de l'Egypte habité les déserts.
Delphes, Délos, Ammon ne sont point ses aziles.
Il ne se cacha point aux antres des Sibylles.
La Morale uniforme en tout tems, en tout lieu,
A des siécles sans fin, parle au nom de ce DIEU.
C'est la loi de *Trajan*, de *Socrate* & la vôtre.
De ce culte éternel la Nature est l'Apôtre;
Le bon sens la reçoit, & les remords vengeurs,
Nés de la conscience, en sont les défenseurs.
Leur redoutable voix partout se fait entendre.
    Pensez-vous en effet que ce jeune *Alexandre*,
Aussi vaillant que vous, mais bien moins modéré,
Teint du sang d'un ami trop inconsidéré,
Ait pour se repentir consulté des Augures?
Ils auroient dans leurs eaux lavé ses mains impures,
Ils auroient à prix d'or absous bientôt le Roi.
Sans eux de la Nature il écouta la Loi.
Honteux, désespéré d'un moment de furie,
Il se jugea lui-même indigne de la vie:
Cette loi souveraine à la Chine, au Japon,
Inspira *Zoroastre*, illumina *Solon*;
D'un bout du monde à l'autre elle parle, elle crie,
ADORE UN DIEU, SOIS JUSTE, ET CHERIS TA PATRIE.
Ainsi le froid Lapon crut un Etre éternel,
Il eut de la justice un instinct naturel,
Et le Négre vendu sur un lointain rivage,
Dans les Negres encor aima sa noire image.

Jamais un Parricide, un Calomniateur,
N'a dit tranquillement dans le fond de son cœur;
» Qu'il est beau, qu'il est doux d'accabler l'innocence,
» De déchirer le sein qui nous donna naissance!
» DIEU juste, DIEU parfait! que le crime a d'appas!
Voila ce qu'on diroit, mortels n'en doutez pas,
S'il n'étoit une loi terrible, universelle,
Que respecte le crime en s'élevant contre elle.
Est-ce nous qui créons ces profonds sentimens?
Avons-nous fait notre ame, avons-nous fait nos sens?
L'or qui naît au Pérou, l'or qui naît à la Chine,
Ont la même nature & la même origine;
L'Artisan les façonne & ne peut les former;
Ainsi l'Etre éternel qui nous daigne animer,
Jetta dans tous les cœurs une même semence.
Le Ciel fit la vertu, l'homme en fit l'apparence.
Il peut la revêtir d'imposture & d'erreur,
Il ne peut la changer; son juge est dans son cœur.

SECONDE PARTIE.

RÉPONSE aux objections contre les principes d'une morale universelle : preuve de cette vérité.

J'ENTENS avec *Cardan*, *Spinosa*, qui murmure.
Ces rémords, me dit-il, ces cris de la Nature,
Ne sont que l'habitude & les illusions
Qu'un besoin mutuel inspire aux nations.
Raisonneur malheureux, ennemi de toi-même,
D'où nous vient ce besoin ? Pourquoi l'Etre suprême
Met-il dans notre cœur à l'intérêt porté,
Cet instinct qui nous lie à la société ?
Les loix que nous faisons, fragiles, inconstantes ;
Ouvrage d'un moment, sont partout différentes ;
Jacob chez les Hébreux put épouser deux sœurs.
David sans offenser la décence & les mœurs,
Flata de cent beautés la tendresse importune.
Le Pape au Vatican n'en peut posseder une.
Là, le pere à son gré choisit son successeur,
Ici l'heureux aîné de tout est possesseur ;
Un Polaque à moustache, à la démarche altiére,
Peut arrêter d'un mot sa république entiére.
L'Empereur ne peut rien qu'avec ses Electeurs.
L'Anglais a du crédit ; le Pape a des honneurs.
Usages, intérêt, culte, loix, tout differe.
Qu'on soit juste, il suffit, le reste est arbitraire.

Mais tandis qu'on admire & ce juſte & ce beau,
Londre immole ſon Roi par la main d'un bourreau.
Du Pape Borgia le bâtard ſanguinaire,
Dans les bras de ſa ſœur aſſaſſine ſon frere.
Là, le froid Hollandais devient impétueux,
Il déchire en morceaux deux freres vertueux.
Plus loin la *Brinvilliers* dévote avec tendreſſe,
Empoiſonne ſon Pere en courant à confeſſe;
Sous le fer du Méchant le Juſte eſt abattu.
Eh bien, conclurez-vous qu'il n'eſt point de vertu?
Quand des vents du Midi, les funeſtes haleines,
De ſemences de mort ont inondé nos plaines,
Direz-vous que jamais le Ciel en ſon courroux,
Ne laiſſa la Santé ſéjourner parmi nous?
Tous les divers fléaux dont le poids nous accable,
Du choc des élémens effet inévitable,
Des biens que nous goutons corrompent la douceur.
Mais tout eſt paſſager, le Crime & le Malheur:
De nos deſirs fougueux la Tempête fatale,
Laiſſe au fond de nos cœurs la Régle & la Morale,
C'eſt une ſource pure; envain dans ſes canaux
Les vents contagieux en ont troublé les eaux;
Envain ſur la ſurface une fange étrangére,
Apporte en bouillonnant le limon qui l'altére;
L'homme le plus injuſte & le moins policé,
S'y contemple aiſément quand l'orage eſt paſſé.

* Il eſt évident que cet *arbitraire* ne regarde que les choſes d'inſtitution, les loix civiles, la diſcipline, qui changent tous les jours ſelon le beſoin.

Tous ont reçu du Ciel, avec l'intelligence,
Ce frein de la justice & de la conscience;
De la raison naissante elle est le premier fruit;
Dès qu'on la peut entendre, aussi-tôt elle instruit:
Contrepoids toujours prompt à rendre l'équilibre
Au cœur plein de desirs, asservi, mais né libre;
Arme que la Nature a mis dans notre main,
Qui combat l'Intérêt par l'Amour du prochain;
De *Socrate*, en un mot, c'est-là l'heureux génie;
C'est-là ce DIEU secret qui dirigeait sa vie:
Ce DIEU qui jusqu'au bout présidait à son sort,
Quand il but sans pâlir la coupe de la mort.
Quoi! cet Esprit divin n'est-il que pour *Socrate*?
Tout mortel a le sien qui jamais ne le flatte.
Néron cinq ans entiers se soumit à ses loix,
Cinq ans des Corrupteurs il repoussa la voix.
Marc-Aurele appuyé sur la Philosophie,
Porta ce joug heureux tout le tems de sa vie.
Julien s'égarant dans sa Religion,
Infidéle à la foi, fidéle à la raison,
Scandale de l'Eglise, & des Rois le modéle,
Ne s'écarta jamais de la loi naturelle.

On insiste, on me dit, l'enfant dans son berceau
N'est point illuminé par ce divin flambeau.
C'est l'éducation qui forme ses pensées,
Par l'exemple d'autrui ses mœurs lui sont tracées;
Il n'a rien dans l'esprit, il n'a rien dans le cœur,
De ce qui l'environne, il n'est qu'Imitateur;

Il repéte les noms de devoir, de justice,
Il agit en machine, & c'est par sa nourrice
Qu'il est Juif ou Payen, Fidéle ou Musulman,
Vêtu d'un juste-au-corps, ou bien d'un doliman.
    Oui de l'exemple en nous je sçais quel est l'empire,
Il est des sentimens que l'habitude inspire.
Le langage, la mode, & les opinions,
Tous les dehors de l'ame, & ses préventions,
Dans nos foibles esprits sont gravés par nos peres,
Du cachet des mortels impressions légéres.
Mais les premiers ressorts sont faits d'une autre main.
Leur pouvoir est constant, leur principe est divin;
Il faut que l'enfant croisse, afin qu'il les exerce,
Il ne les connaît pas sous la main qui le berce.
Le moineau dans l'instant qu'il a reçu le jour,
Sans plume dans son nid peut-il sentir l'amour?
Le renard en naissant va-t-il chercher sa proye?
Les insectes changeans qui nous filent la soye,
Les essains bourdonnans de ces Filles du Ciel,
Qui paîtrissent la cire & composent le miel,
Sitôt qu'ils sont éclos forment-ils leur ouvrage?
Tout mûrit par le tems & s'accroît par l'usage.
Chaque être a son objet, & dans l'instant marqué
Il marche vers le but par le Ciel indiqué:
De ce but, il est vrai, s'écartent nos caprices.
Le juste quelquefois commet des injustices.
On fuit le bien qu'on aime, on hait le mal qu'on fait.
De soi-même en tout tems quel cœur est satisfait?

L'homme (on nous l'a tant dit) eſt une énigme obſcure.
Mais en quoi l'eſt-il plus que toute la Nature ?
Avez-vous pénétré, Philoſophes nouveaux,
Cet inſtinct ſur & prompt qui ſert les animaux ?
Dans ſon germe impalpable, avez-vous pû connaître
L'herbe qu'on foule aux pieds, & qui meurt pour renaître ?
Sur ce vaſte Univers un grand voile eſt jetté ;
Mais dans les profondeurs de cette obſcurité,
Si la raiſon nous luit, qu'avons-nous à nous plaindre ?
Nous n'avons qu'un flambeau, gardons-nous de l'éteindre.
Quand de l'immenſité Dieu peupla les déſerts,
Alluma des ſoleils & ſouleva des mers,
Demeurez, leur dit-il, dans vos bornes preſcrites.
Tous les mondes naiſſans connurent leurs limites ;
Il impoſa des loix à *Saturne*, à *Venus*,
Aux ſeize orbes divers dans nos cieux contenus,
Aux élémens unis dans leur utile guerre,
A la courſe des vents, aux fléches du tonnerre,
A l'animal qui penſe, & né pour l'adorer,
Au ver qui nous attend né pour nous dévorer.
Aurons-nous bien l'audace, en nos faibles cervelles,
* D'ajouter nos Décrets à ces Loix immortelles ?
Hélas ! ſerait-ce à nous, fantômes d'un moment,
Dont l'être imperceptible eſt voiſin du néant,
De nous mettre à côté du Maître du tonnerre,
Et de donner en Dieux des ordres à la Terre ?

* On ne doit entendre par ce mot *Décrets* que les opinions paſſagères des hommes qui veulent donner leurs ſentimens particuliers pour des loix générales.

TROISIEME PARTIE.

Que les hommes, ayant pour la plupart déſiguré, par les opinions qui les diviſent, le principe de la Religion Naturelle qui les unit, doivent ſe ſuporter les uns les autres.

L'Univers eſt un Temple où ſiége l'Eternel.
Là * chaque homme à ſon gré veut bâtir un Autel.
Chacun vante ſa Foi, ſes Saints, & ſes Miracles,
Le ſang de ſes Martyrs, la voix de ſes Oracles.
L'un penſe, en ſe lavant cinq ou ſix fois par jour,
Que le Ciel voit ſes bains d'un regard plein d'amour,
Et qu'avec un prépuce on ne ſaurait lui plaire.
L'autre a du Dieu *Brama* déſarmé la colére :
Et pour s'être abſtenu de manger du lapin,
Voit le Ciel entr'ouvert, & des plaiſirs ſans fin.
Tous traitent leurs voiſins d'impurs & d'infidelles.
De Chrêtiens diviſés les infames querelles
Ont au nom du Seigneur aporté plus de maux,
Répandu plus de ſang, creuſé plus de tombeaux,

* (Chaque homme) ſignifie clairement chaque particulier qui veut s'ériger en Légiſlateur, & il n'eſt ici queſtion que des Cultes étrangers, comme on l'a déclaré au commencement de la premiére Partie.

Que le prétexte vain d'une utile balance
N'a désolé jamais l'Allemagne & la France.

Un doux Inquisiteur, un crucifix en main,
Au feu par charité fait jetter son prochain,
Et pleurant avec lui d'une fin si tragique,
Prend pour s'en consoler son argent qu'il s'applique;
Tandis qu'à ces tourmens loin d'oser l'arracher
Le Peuple en louant Dieu danse autour du bucher.
On vit plus d'une fois, dans une sainte yvresse,
Plus d'un bon Catholique, au sortir de la Messe,
Courant sur son voisin pour l'honneur de la foi,
Lui crier, *Meurs, impie, ou pense comme moi.*
Calvin & ses suppôts, guettés par la Justice,
Dans Paris en peinture allèrent au supplice.
Servet fut en personne immolé par *Calvin*.
Si *Servet* dans Genève eût été Souverain,
Il eût, pour argument contre ses adversaires,
Fait serrer d'un lacet le cou des Trinitaires.
Ainsi d'*Arminius* les ennemis nouveaux
En Flandre étaient Martyrs, en Hollande bourreaux.

D'où vient que deux cent ans cette pieuse rage
De nos Ayeux grossiers fut l'horrible partage?
C'est que de la Nature on étouffa la voix;
C'est qu'à sa Loi sacrée on ajouta des Loix;
C'est que l'homme amoureux de son sot esclavage,
Fit dans ses préjugés Dieu même à son image.
Nous l'avons fait injuste, emporté, vain, jaloux,
Séducteur, inconstant, barbare comme nous.

Enfin grace en nos jours à la Philosophie ;
Qui de l'Europe au moins éclaire une partie ,
Les mortels plus instruits en sont moins inhumains ;
Le fer est émoussé , les buchers sont éteints.
Mais si le Fanatisme était encor le Maître ,
Que ces feux étouffés seraient prompts à renaître ?
On s'est fait , il est vrai , le généreux effort
D'envoyer moins souvent ses freres à la mort.
On brûle moins d'Hébreux , dans les murs de Lisbonne ?
Et même le Muphti , qui rarement raisonne ,
Ne dit plus aux Chrêtiens que le Sultan soumet ,
Renonce au vin , barbare , & crois à Mahomet.
† Mais du beau nom de chien ce Muphti nous honore ;
Dans le fond des Enfers il nous envoye encore.
Nous le lui rendons bien : nous damnons à la fois
Le peuple circoncis vainqueur de tant de Rois ,
Londres , Berlin , Stockolm , & Genève , & vous-même :
Vous êtes , ô grand Roi ! compris dans l'anathême.
En vain par des bienfaits signalant vos beaux jours ,
A l'humaine raison vous donnez des secours ,
Aux beaux Arts des palais , aux Pauvres des asyles ,
Vous peuplez les déserts & les rendez fertiles.
De fort savans esprits jurent sur leur salut , *
Que vous êtes sur Terre un fils de Belzébut.

* On ne pouvait prévoir alors que les flammes detruiraient une partie de cette ville malheureuse , dans laquelle on alluma trop souvent des buchers.

† Les Turcs appellent indifféremment les Chrêtiens *Infidéles* & *Chiens.*

* On respecte cette maxime, *hors de l'Eglise point de sa-*

Les vertus des Payens étaient, dit-on, des crimes.
Rigueur impitoyable! odieuses maximes!
Gazettier clandestin, dont la platte acreté
Damne le Genre-Humain de pleine autorité;
Tu vois d'un œil ravi les mortels tes semblables,
Paitris des mains de DIEU pour le plaisir des Diables.
N'es-tu pas satisfait de condamner au feu
Nos meilleurs citoyens *Montagne* & *Montesquieu*?
Penses-tu que *Socrate* & le juste *Aristide*,
Solon qui fut des Grecs & l'exemple & le guide,
Penses-tu que *Trajan*, *Marc-Aurele*, *Titus*,
Noms chéris, noms sacrés, que tu n'as jamais lus,
Aux fureurs des Démons soient livrés en partage,
Par le DIEU bienfaisant dont ils étoient l'image,
Et que tu seras toi, de rayons couronné,
D'un chœur de Chérubins au Ciel environné,
Pour avoir quelque temps chargé d'une besace,
Dormi dans l'ignorance, & croupi dans la crasse?
Sois sauvé, j'y consens, mais l'immortel *Newton*,
Mais le sçavant *Leibnitz* & le sage *Adisson*,

lui: mais tous les hommes sensés trouvent ridicule & abominable que des particuliers osent employer cette sentence générale & comminatoire contre des hommes qui sont leurs supérieurs & leurs Maîtres en tout genre: les hommes raisonnables n'en usent point ainsi. L'Archevêque *Tillotson* aurait-il jamais écrit à l'Archevêque *Fénelon*, *Vous êtes damné*? Et un Roi de Portugal écrirait-il à un Roi d'Angleterre qui lui envoye des secours; Mon frére, *vous irez à tous les Diables*? La dénonciation des peines éternelles à ceux qui ne pensent pas comme nous, est une arme ancienne qu'on laisse sagement reposer dans l'arsenal, & dont il n'est permis à aucun particulier de se servir.

[a] Et ce *Locke* en un mot dont la main courageuse
A de l'esprit humain posé la borne heureuse,
Ces esprits qui semblaient de Dieu même éclairés
Dans des feux éternels seront-ils dévorés ?
Porte un arrêt plus doux, prens un ton plus modeste,
Ami, ne previens point le jugement céleste;
Respecte ces mortels, pardonne à leur vertu,
Ils ne t'ont point damné, pourquoi les damnes-tu ?
A la Religion discrètement fidèle,
Sois doux, compatissant, sage, indulgent comme elle;
Et sans noyer autrui, songe à gagner le port;
Qui pardonne a raison, & la colére a tort.
Dans nos jours passagers de peines, de miséres,
Enfans du même DIEU, vivons du moins en frères,
Aidons-nous l'un & l'autre à porter nos fardeaux.
Nous marchons tous courbés sous le poids de nos maux;
Mille ennemis cruels assiégent notre vie,
Toujours par nous maudite, & toujours si chérie:
Notre cœur égaré, sans guide & sans appui,
Est brûlé de desirs, ou glacé par l'ennui.
Qui de nous a vécu sans connaître les larmes ?
De la Société les secourables charmes
Consolent nos douleurs au moins quelques instans:
Remède encor trop faible à des maux si constans.
Ah n'empoisonnons pas la douceur qui nous reste!
Je crois voir des forçats dans un cachot funeste,
Se pouvant secourir, l'un sur l'autre acharnés,
Combattre avec les fers dont ils sont enchaînés.

[a] Voyez les Notes à la fin du Poëme.

QUATRIEME PARTIE.

C'est au Gouvernement à calmer les malheureuses disputes de l'école qui troublent la Société.

OUI, je l'entends souvent de votre bouche auguste,
Le premier des devoirs, sans doute, est d'être juste;
Et le premier des biens est la paix de nos cœurs.
Comment avez-vous pû, parmi tant de Docteurs,
Parmi ces différends que la dispute enfante,
Maintenir dans l'Etat une paix si constante?
D'où vient que les enfans de *Calvin*, de *Luther*,
Qu'on croit delà les monts, batards de *Lucifer*,
Le Grec & le Romain, l'empesé Quiétiste,
Le Quakre au grand chapeau, le simple Anabaptiste,
Qui jamais dans leurs loix n'ont pu se réunir,
Sont tous sans disputer d'accord pour vous benir?
C'est que vous êtes sage, & que vous êtes maître.
Si le dernier *Valois*, hélas! avoit sçu l'être,
Jamais un Jacobin guidé par son Prieur,
De *Judith* & d'*Aod* fervent imitateur,
N'eut tenté dans Saint Cloud sa fatale entreprise,
* Mais *Valois* aiguisa le poignard de l'Eglise;

* Il ne faut pas entendre par ce mot l'*Eglise* Catholique, mais le poignard d'un Ecclésiastique, le fanatisme abominable de quelques gens d'Eglise de ce tems-là détestés par l'Eglise de tous les tems.

Ce poignard qui bientôt égorgea dans Paris,
Aux yeux de ſes ſujets le plus grand des Henris;
Voila les fruits affreux des pieuſes querelles.
Toutes les factions à la fin ſont cruelles.
Pour peu qu'on les ſoutienne on les voit tout oſer.
Pour les anéantir il les faut mépriſer
Qui conduit des Soldats peut gouverner des Prêtres.
Un Roy dont la grandeur éclipſa ſes Ancêtres,
Crut pourtant ſur la foi d'un Confeſſeur Normand,
Janſenius à craindre, & *Queſnel* important.
Du ſceau de ſa grandeur il chargea leurs ſotiſes.
De la diſpute alors cent cabales épriſes,
Cent bavards en fourure, Avocats, Bacheliers,
Colporteurs, Capucins, Jéſuites, Cordeliers,
Troublèrent tout l'Etat par leurs doctes ſcrupules:
† Le Régent plus ſenſé les rendit ridicules:
Dans la pouſſiére alors on les vit tous rentrer.
L'œil du Maître ſuffit, il peut tout opérer.
L'heureux cultivateur des préſens de Pomone,
Des filles du Printemps, des tréſors de l'Automne,
Maître de ſon terrein, ménage aux arbriſſeaux
Les ſecours du Soleil, de la Terre & des eaux;
Par de légers appuis ſoutient leurs bras débiles,
Arrache impunément les plantes inutiles;
Et des arbres touffus, dans ſon clos renfermés,
Emonde les rameaux de la ſéve affamés.

* Ce ridicule ſi univerſellement ſenti par toutes les Nations, tombe ſur les grandes intrigues pour de petites choſes, ſur la haine acharnée de deux partis qui n'ont jamais pû s'entendre ſur plus de quatre mille volumes imprimés.

Son docile terrain répond à ſa culture ,
Miniſtre induſtrieux des loix de la Nature,
Il n'eſt pas traverſé dans ſes heureux deſſeins ;
Un arbre qu'avec peine il planta de ſes mains ,
Ne prétend pas le droit de ſe rendre ſtérile ;
Et du ſol épuiſé tirant un ſuc utile ,
Ne va pas refuſer à ſon maître affligé
Une part de ſes fruits dont il eſt trop chargé.
Un Jardinier voiſin n'eut jamais la puiſſance ,
De diriger des Cieux la maligne influence ,
De maudire ſes fruits pendans aux eſpaliers ,
Et de ſécher d'un mot ſa vigne & ſes figuiers.

Malheur aux Nations dont les loix oppoſées
Embrouillent de l'Etat les rênes diviſées !
Le Sénat des Romains, ce Conſeil de Vainqueurs,
Préſidait aux Autels, & gouvernait les mœurs,
Reſtraignait ſagement le nombre des Veſtales,
D'un peuple extravagant réglait les Baccanales :
Marc-Aurèle & *Trajan* mêlaient aux champs de *Mars*
Le bonnet de Pontiſe au bandeau des *Céſars* :
L'univers repoſant ſous leur heureux génie ,
Des guerres de l'école ignora la manie ;
Ces grands Légiſlateurs d'un ſaint zéle enivrés ,
Ne combattirent point pour leurs poulets ſacrés.
Rome encor aujourd'hui conſervant ces maximes,
Joint le Trône à l'Autel par des nœuds légitimes.
Ses citoyens en paix ſagement gouvernés
Ne ſont plus Conquérans, & ſont plus fortunés.

Je ne demande pas que dans sa Capitale,
Un Roi portant en main la Crosse Episcopale,
Au sortir du Conseil, allant en Mission,
Donne au peuple contrit sa bénédiction :
Toute Eglise a ses loix, tout peuple a son usage ;
Mais je prétends qu'un Roi, que son devoir engage
A maintenir la paix, l'ordre, la sûreté,
A sur tous ses Sujets égale autorité ; *
Ils sont tous ses enfans : cette famille immense,
Dans ses soins paternels a mis sa confiance.
Le Marchand, l'Ouvrier, le Prêtre, le Soldat,
Sont tous également les membres de l'Etat.
De la Religion l'appareil nécessaire,
Confond aux yeux de DIEU le Grand & le Vulgaire ;
Et les civiles Loix, par un autre lien,
Ont confondu le Prêtre avec le Citoyen.
La Loi dans tout Etat doit être universelle.
Les mortels quels qu'ils soient, sont égaux devant elle.
Je n'en dirai pas plus sur ces points délicats.
Le Ciel ne m'a point fait pour régir les Etats,
Pour conseiller les Rois, pour enseigner les sages ;
Mais du port où je suis contemplant les orages,
Dans cette heureuse paix où je finis mes jours,
Eclairé par vous-même, & plein de vos discours,
De vos nobles leçons salutaire interprête,
Mon esprit suit le vôtre, & ma voix vous répéte.

* Ce n'est pas à dire que chaque ordre de l'Etat n'ait ses distinctions, ses priviléges indispensablement attachés à ses fonctions. Ils jouissent de ces priviléges dans tout pays : mais la Loi générale lie également tout le monde.

Que conclure à la fin de tous mes longs propos ?
C'eſt que les préjugés ſont la raiſon des ſots ;
Il ne faut pas pour eux ſe déclarer la guerre :
Le vrai nous vient du Ciel, l'erreur vient de la Terre ;
Et parmi les chardons qu'on ne peut arracher,
Dans des ſentiers ſecrets, le ſage doit marcher :
La paix enfin, la paix, que l'on trouble & qu'on aime,
Eſt d'un prix auſſi grand que la vérité même.

PRIERE.

O DIEU ! qu'on méconnaît, ô DIEU ! que tout annonce,
Entends les derniers mots que ma bouche prononce ;
Si je me ſuis trompé, c'eſt en cherchant ta Loi ;
Mon cœur peut s'égarer, mais il eſt plein de toi :
Je vois ſans m'allarmer l'Eternité paraître,
Et je ne puis penſer qu'un DIEU qui m'a fait naître,
Qu'un Dieu qui ſur mes jours verſa tant de bienfaits,
Quand mes jours ſont éteints, me tourmente à jamais.

NOTES.

(*a*) *Soit qu'un Etre inconnu*, &c.

(*a*) DIEU étant un Etre infini, sa nature a dû être *inconnue* à tous les hommes. Comme cet ouvrage est tout philosophique, il a falu rapporter les sentimens des Philosophes. Tous les Anciens, sans exception, ont cru l'éternité de la matière; c'est presque le seul point sur lequel ils convenaient. La plupart prétendaient que les Dieux avaient arrangé le Monde; nul ne savait que DIEU l'avait tiré du néant. Ils disaient que l'Intelligence céleste avait par sa propre nature le pouvoir de disposer de la matière, & que la matière existait par sa propre nature.

Selon presque tous les Philosophes & les Poëtes, les grands Dieux habitaient loin de la Terre. L'ame de l'homme, selon plusieurs, était un feu céleste; selon d'autres, une harmonie résultante de ses organes: les uns en faisoient une partie de la Divinité, *Divinæ particulam auræ;* les autres, une matière épurée, une quintessence; les plus sages, un être immatériel: mais quelque Secte qu'ils ayent embrassée, tous, hors les Epicuriens, ont reconnu que l'homme est entiérement soumis à la Divinité.

(*b*) *Et ce* Locke, *en un mot, dont la main courageuse*
A de l'esprit humain posé la borne heureuse.

(*b*) Le modeste & sage *Locke* est connu pour avoir développé toute la marche de l'Entendement humain, & pour avoir montré les limites de son pouvoir. Convaincu de la faiblesse humaine, & pénétré de la puissance infinie du Créateur, il dit que nous ne connaissons la nature de notre ame que par la foi: il dit que l'homme n'a point par lui-même assez de lumiéres pour assurer que DIEU ne peut pas communiquer la pensée à tout être auquel il daignera faire ce présent, à la matière elle-même.

Ceux qui étaient encore dans l'ignorance s'élevèrent contre lui. Entêtés d'un Cartésianisme aussi faux en tout que le Peripatétisme, ils croyaient que la matière n'est autre chose que l'étendue en longueur, largeur & profondeur : ils ne savaient pas qu'elle a la gravitation vers un centre, la force d'inertie & d'autres proprietés, que ses élémens sont indivisibles tandis que ses composés se divisent sans cesse. Ils bornaient la puissance de l'Etre Tout-puissant; ils ne faisaient pas réflexion qu'après toutes les découvertes sur la matière, noüs ne connaissons point le fond de cet être. Ils devaient songer que l'on a long-tems agité si l'Entendement humain est une faculté ou une substance. Ils devaient s'interroger eux-mêmes & sentir que nos connaissances sont trop bornées pour sonder cet abîme.

La faculté que les animaux ont de se mouvoir, n'est point une substance, un être à part; il paraît que c'est un don du Créateur. *Locke* dit que ce même Créateur peut faire ainsi un don de la pensée à tel être qu'il daignera choisir. Dans cette hypothèse qui nous soumet plus que tout autre à l'Etre suprême, la pensée accordée à un élément de matière, n'en est pas moins pure, moins immortelle, que dans toute autre hypothèse. Cet élément indivisible est impérissable : la pensée peut assurément subsister à jamais avec lui, quand le corps est dissous. Voilà ce que *Locke* propose sans rien affirmer. Il dit ce que DIEU eut pû faire, & non ce que DIEU a fait. Il ne connait point ce que c'est que la matière ; il avoue qu'entre elle & DIEU il peut y avoir une infinité de substances, crées absolument differentes les unes des autres : la lumière, le feu élémentaire paraît en effet, comme on l'a dit, dans les élémens de *Newton*, une substance mitoyenne entre cet être inconnu nommé matière, & d'autres êtres encore plus inconnus. La lumière ne tend point vers un centre, comme la matière ; elle ne paraît pas impénétrable, aussi *Newton* dit souventdans son Optique, *Je n'examine pas si les rayons de la lumière sont des corps, ou non.*

Locke dit donc qu'il peut y avoir un nombre innombrable de substances, & que DIEU est le Maître d'accorder de idées à ces substances. Nous ne pouvons deviner par quel art divin un être tel qu'il soit a des idées ; nous en sommes bien loin : nous ne saurons jamais comment un ver de terre a le pouvoir de se remuer. Il faut dans toutes ces recherches s'en remettre à DIEU & sentir son néant. Telle est la Philosophie de cet homme, d'autant plus grand qu'il est plus simple ; & c'est cette soumission à DIEU qu'on a osé appeller impiété, & ce sont ses sectateurs convaincus de l'immortalité de l'ame qu'on a nommés Matérialistes ? & c'est un homme tel que *Locke* à qui un compilateur de quelque Physique a donné le nom d'ennuyeux.

Quand même *Locke* se serait trompé sur ce point, (si on peut pourtant se tromper en n'affirmant rien) cela n'empêche pas qu'il ne mérite la louange qu'on lui donne ici : il est le premier, ce me semble, qui ait montré qu'on ne connait aucun axiome avant d'avoir connu les vérités particulières ; il est le premier qui ait fait voir ce que c'est que l'identité, & ce que c'est que d'être la même personne, le même soi : il est le premier qui ait prouvé la fausseté du système des idées innées. Sur quoi je remarquerai qu'il y a des écoles qui anathématisèrent les idées innées quand *Descartes* les établit, & qui anathématisèrent ensuite les adversaires des idées innées, quand *Locke* les eut détruites. C'est ainsi que jugent les hommes qui ne sont pas Philosophes.

N. B. *Le Lecteur curieux peut consulter le chapitre sur* Locke *dans les Mélanges de Littérature*, &c. &c.

NOTE particulière sur ce passage de la Préface qui est au devant du Poëme sur le désastre de Lisbonne, &c.

Lorsque l'illustre Pope *dévelopa dans ses vers immortels les systêmes du Lord* Shaftersburi *& du Lord* Bolingbroke, *&c.*

C'est peut-être la première fois qu'on a dit que le systême de *Pope* était celui du Lord *Shaftersburi*; c'est pourtant une vérité incontestable. Toute la partie physique est presque mot-à-mot dans la première partie du Chapitre intitulé, *les Moralistes*, Section 3. MUCH IS ALLEG'D IN ANSWER TO SHOW, &c. *On a beaucoup à répondre à ces plaintes des défauts de la Nature. Comment est-elle sortie si impuissante & si défectueuse des mains d'un Etre parfait? Mais* je nie *qu'elle soit défectueuse.... Sa beauté résulte des contrariétés, & la concorde universelle nait d'un combat perpétuel.... il faut que chaque être soit immolé à d'autres; les végétaux aux animaux, les animaux à la terre.... & les loix du pouvoir central & de la végétation qui donnent aux corps célestes leur poids & leur mouvement, ne seront point dérangées pour l'amour d'un chetif & faible animal, qui tout protégé qu'il est par ces mêmes loix sera bientôt par elles réduit en poussière.*

Cela est admirablement dit; & cela n'empêche pas que l'illustre Docteur *Klark* dans son Traité de l'Existence de DIEU ne dise que le *Genre Humain se trouve dans un état où l'ordre naturel des choses de ce Monde est manifestement renversé.* Page 10. Tome II. 2. édition, traduction de Mr. *Ricotier*: cela n'empêche pas que l'homme ne puisse dire; Je dois être aussi cher à mon Maître, moi être pensant & sentant, que les Planètes qui probablement ne sentent point: cela n'empêche pas que les choses de ce monde ne puissent être autrement, puisqu'on nous apprend que l'ordre a été perverti, & qu'il sera rétabli : cela n'empêche pas que le mal Physique & le mal Moral ne soient une chose incompréhensible à l'esprit humain : cela n'empêche pas qu'on ne puisse révoquer en doute le *Tout est bien*, en respectant *Shaftersburi* & *Pope*; dont le systême a d'abord été attaqué comme suspect d'Atheïsme, & est aujourd'hui canonisé.

La partie morale de *l'Essai sur l'homme* de *Pope*, est aussi toute entière dans *Shaftersburi*, à l'article de la recherche sur la vertu, au second volume des *Caractéristics*. C'est-là que l'Auteur dit que l'intérêt particulier bien entendu fait l'intérêt général. Aimer le bien public & le nôtre est non-seulement possible, mais inséparable. *To be well affected towards the publick interest and ones own, is not only consistent but inseparable.* C'est là ce qu'il prouve dans tout ce livre, & c'est la base de toute la partie morale de *l'Essai* de *Pope sur l'homme*. C'est par là qu'il finit.

That reason, passion answer one great aim,
That true self love and social be the same.

La raison & les passions répondent au grand but de DIEU. Le véritable amour propre & l'amour social sont le même.

Une si belle morale, bien mieux dévelopée encore dans *Pope* que dans *Shaftersburi*, a toujours charmé l'Auteur des Poëmes sur Lisbonne & sur la Loi naturelle : voilà pourquoi il a dit,

Mais Pope aprofondit ce qu'ils ont effleuré,
Et l'homme avec lui seul apprend à se connaître.

Le Lord *Shaftersburi* prouve encore que la perfection de la vertu est due nécessairement à la croyance d'un DIEU. *And thus perfection of virtue must be owing to the belief of a God.*

C'est apparemment sur ces paroles que quelques personnes ont traité *Shaftersburi* d'Athée. S'ils avaient bien lû son livre, ils n'auraient pas fait cet infame reproche à la mémoire d'un Pair d'Angleterre, d'un Philosophe élevé par le sage *Locke*.

C'est ainsi que le Pere *Hardouin* traita d'Athées *Pascal*, *Mallebranche* & *Arnaud*. C'est ainsi que le Docteur *L'Ange* traita d'Athée le *respectable Wolf*, pour avoir loué la Morale des Chinois : & *Wolf* s'étant apuyé du témoignage des Jésuites Missionnaires à la Chine, le Docteur répondit, *Ne sait-on pas que les Jésuites sont des Athées ?* Ceux qui gémirent sur l'avanture des Diables de Loudun, si humiliante pour la raison humaine, ceux qui trouvèrent mauvais qu'un Recollet, en conduisant *Urbain Grandier* au supplice, le frappât au visage avec un Crucifix de fer, furent appellés Athées par les Recollets. Les Convulsionnaires ont imprimé, que ceux qui se moquaient des convulsions étaient des Athées ; & les Molinistes ont cent fois batizé de ce nom les Jansenistes.

Lorsqu'un homme connu écrivit le premier en France il y a vingt ans sur l'inoculation de la petite vérole, un Auteur inconnu écrivit, *Il n'y a qu'un Athée imbu des folies Anglaises qui puisse proposer à notre Nation de faire un mal certain, pour un bien incertain.*

L'Auteur des Nouvelles Ecclésiastiques, qui écrit tranquillement depuis si longtems contre les Puissances, contre les Loix, & contre la Raison, a employé une feuille à prouver que Mr. *de Montesquieu* était Athée, & une autre feuille à prouver qu'il était Déiste.

St. Sorlin des Marets, connu en son tems par le Poëme de *Clovis*, & par son fanatisme, voyant passer un jour dans la Galerie du Louvre *La Mothe le Vayer* Conseiller d'Etat & Précepteur de Monsieur ; *Voila*, dit-il, *un homme qui n'a point de Religion : La Mothe le Vayer* se retourna vers lui, & daigna lui dire, *Mon ami, j'ai tant de Religion, que je ne suis point de ta Religion.*

En général, cette ridicule & abominable démence d'accuser d'Athéisme à tort & à travers tous ceux qui ne pensent pas comme nous, est ce qui a le plus contribué à répandre d'un bout de l'Europe à l'autre ce profond mépris que tout le Public a aujourd'hui pour les Libelles de Controverse.

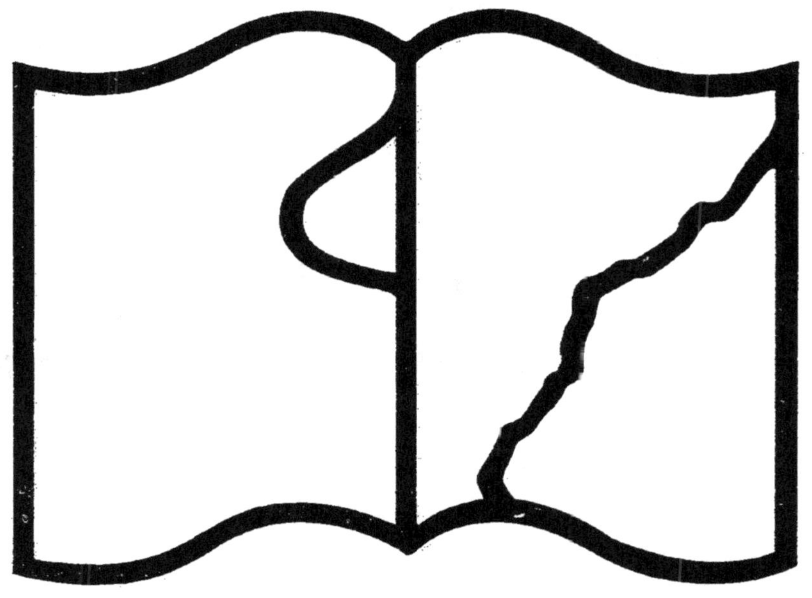

Texte détérioré — reliure défectueuse

NF Z 43-120-11

Contraste insuffisant

NF Z 43-120-14

www.ingramcontent.com/pod-product-compliance
Lightning Source LLC
LaVergne TN
LVHW022153080426
835511LV00008B/1369

* 9 7 8 2 0 1 2 1 6 0 4 8 4 *